Pedro Calderón de la Barca

La primer flor
del Carmelo

Barcelona **2024**
Linkgua-ediciones.com

Créditos

Título original: La primer flor del Carmelo.

© 2024, Red ediciones S.L.

e-mail: info@Linkgua-ediciones.com

Diseño de cubierta: Michel Mallard.

ISBN tapa dura: 978-84-1126-022-0.
ISBN rústica: 978-84-9816-433-6.
ISBN ebook: 978-84-9953-246-2.

Sumario

Créditos _____ 4

Brevísima presentación _____ 7
    La vida _____7

Personajes _____ 8

Acto único _____ 9

Libros a la carta _____ 79

Brevísima presentación

La vida

Pedro Calderón de la Barca (Madrid, 1600-Madrid, 1681). España. Su padre era noble y escribano en el consejo de hacienda del rey. Se educó en el colegio imperial de los jesuitas y más tarde entró en las universidades de Alcalá y Salamanca, aunque no se sabe si llegó a graduarse.

Tuvo una juventud turbulenta. Incluso se le acusa de la muerte de algunos de sus enemigos. En 1621 se negó a ser sacerdote, y poco después, en 1623, empezó a escribir y estrenar obras de teatro. Escribió más de ciento veinte, otra docena larga en colaboración y alrededor de setenta autos sacramentales. Sus primeros estrenos fueron en corrales.

Lope de Vega elogió sus obras, pero en 1629 dejaron de ser amigos tras un extraño incidente: un hermano de Calderón fue agredido y, éste al perseguir al atacante, entró en un convento donde vivía como monja la hija de Lope. Nadie sabe qué pasó.

Entre 1635 y 1637, Calderón de la Barca fue nombrado caballero de la Orden de Santiago. Por entonces publicó veinticuatro comedias en dos volúmenes y *La vida es sueño* (1636), su obra más célebre. En la década siguiente vivió en Cataluña y, entre 1640 y 1642, combatió con las tropas castellanas. Sin embargo, su salud se quebrantó y abandonó la vida militar. Entre 1647 y 1649 la muerte de la reina y después la del príncipe heredero provocaron el cierre de los teatros, por lo que Calderón tuvo que limitarse a escribir autos sacramentales.

Calderón murió mientras trabajaba en una comedia dedicada a la reina María Luisa, mujer de Carlos II el Hechizado. Su hermano José, hombre pendenciero, fue uno de sus editores más fieles.

Personajes

Abigail
Lascivia
David
Liberalidad
Luzbel
Castidad
Simplicio
Goliat
Saúl
Nabal
Jorán
Música
Avaricia

Acto único

(Salen Luzbel, trayendo asidas de las manos a la Avaricia y la Lascivia, como por fuerza.)

Avaricia   ¿Dónde me llevas, Luzbel?

Lascivia   ¿Dónde, bárbaro, me llevas?

Luzbel   Venid conmigo las dos.

Las dos   ¿Dónde vamos?

Luzbel (Suéltalas.)   A estas selvas.

Avaricia   ¿De cuándo acá a la Avaricia   5
                  de los poblados alejas
                  y la sacas a los montes?

Lascivia   ¿De cuándo acá, con la mesma
                  duda, a la Lascivia tú
                  de las ciudades ausentas   10
                  y a los desiertos la sacas?

Avaricia   De mi saña la sedienta
                  hidropesía ¿no está
                  mejor en las opulencias
                  de las cortes y palacios,   15
                  donde en humanas grandezas
                  cebada su ardiente sed,
                  si no se apaga, se templa?

Lascivia   De mi incentivo la llama
                  ¿no se enciende y se alimenta   20

mejor entre los comercios
de la gran naturaleza,
de quien familiar veneno
es, pues dentro de sus puertas
nace, vive, arde y consume 25
siempre viva y nunca muerta?

Avaricia   Pues ¿cómo, siendo el que rige...

Lascivia   ¿Cómo, siendo el que gobierna...

Avaricia   ...de aquel escamado monstruo...

Lascivia   ...de quella sañuda bestia... 30

Avaricia   ...la cerviz de siete cuellos...

Lascivia   ...la hidra de siete cabezas...

Avaricia   ...hoy a los dos nos divides
de nuestro cuerpo?

Lascivia   ...hoy intentas
que por fuerza destroncadas 35
te sigamos?

Luzbel   Porque es fuerza
que hoy os haya menester
en esta inculta maleza
más que en cortes y ciudades.

Las dos   ¿Cómo?

Luzbel   De aquesta manera: 40

	¿qué veis por estas campañas?	
Las dos	Montes a esta parte y esta, que elevados hasta el cielo, son basas que le sustentan.	
Luzbel	A la falda de esos montes, ¿qué veis luego?	45
Avaricia	Armadas tiendas de campo, vaga ciudad o república, que lleva donde quiere y como quiere sus edificios a cuestas.	50

(Tocan cajas.)

Luzbel	En este ejécito armado, ¿qué escucháis?	
Lascivia	Voces diversas de aparatos militares.	
(Dentro.)	¡Arma, arma! ¡Guerra, guerra!	
Luzbel	¿Y qué veis?	
Avaricia	Que de aquel monte otro monte se despeña, de tan disforme estatura, que ya el ser no es excelencia el hombre pequeño mundo.	55
Luzbel	Pues escuchad sus blasfemias.	60

(Baja Goliat, despeñándose de la tienda del sacrificio.)

Goliat	¡Oh pese a los cielos, pese	
	a las deidades supremas	
	que adoré, pues contra mí	
	más se irritan que se alientan!	
	El filistín, que a su cargo	65
	tuvo la sacra defensa	
	de Baal y Belial,	
	contra esa vil, esa hebrea	
	canalla, que solo un Dios	
	sigue, adora y reverencia,	70
	infamemente vencido	
	de un joven pastor, con piedra,	
	cobarde arma de villano,	
	bañado en su sangre mesma	
	yace! Oh si ya que la vierte,	75
	escupírsela pudiera	
	al cielo, porque manchara	
	de Sol, de Luna, de estrellas	
	la luz y muriendo yo,	
	el día conmigo muriera,	80
	porque no durara nadie	
	en quien durara mi afrenta!	
	¡Caigan sobre mí los montes,	
	abra sus senos la tierra,	
	sepúltenme los abismos,	85
	pues tan poco me aprovecha,	
	con ser de Luzbel el grande	
	espíritu de soberbia!	

(Vase, cayendo y levantando.)

Avaricia	¿A qué propósito quieres

que esto oiga?

Lascivia   ¿A qué fin intentas   90
                que esto mire?

Luzbel   No aquí para
                mi dolor; vuelve a esa tienda
                rica los ojos; ¿qué vees?

(Sale por lo alto Saúl con una lanza, como furioso.)

Lascivia   ¿Qué? Salir furioso della
                a Saúl, con el horrible   95
                espíritu que atormenta
                sus sentidos.

Avaricia   Y blandiendo
                una asta su mano diestra,
                no sé contra quién la vibra.

Luzbel   Eso lo dirá su lengua.   100

Saúl   Aunque venza a Goliat
                David, a mí no me venza
                la ira que contra él
                mi pecho encendido engendra.
                ¡La gala le dan las hijas   105
                de Sión, cantando en ella
                que él venció a diez mil, y yo
                a mil! ¡Lo menos se cuenta
                para mí de la vitoria!
                Allí está, a mis manos muera.   110

(Tocan, mira adentro del carro, y al ir a arrojar la lanza, suena un arpa y queda suspenso.)

<blockquote>

Mas, ¡ay de mí!, que esta dulce
música, que a mi oido suena,
de mi cólera y mi ira
los espíritus ahuyenta...
¡Cuánto el templado instrumento   115
en su mano, en la mía templa
el furor! Pero ¿qué digo?
Si en él la música cesa,
cese la quietud en mí;
y porque a templar no vuelva,   120
la saña, blandida el asta,
verá en su pecho sangrienta,
</blockquote>

(Tira adentro la lanza.)

<blockquote>
para que... mas ¡ay de mí!
el golpe erré y su violencia
solo sirvió de avisarle   125
que huya de mí. Si no llegan
a su efecto mis rencores,
¿de qué sirve que padezca
este espíritu de ira
que en mí Luzbel aposenta?   130
</blockquote>

(Vase.)

Lascivia   ¿Qué quieres que de esto arguya?

Avaricia   ¿Qué quieres que de esto infiera?

Luzbel   A su tiempo lo diré;
Ahora escuchad lo que resta.
¿Qué veis en esa montaña?   135

(Dentro.)   ¡Al monte!

Otro	¡Al valle!
Otro	¡A la selva!
Lascivia	A David, que viene huyendo de Saúl, con la pequeña tropa que le sigue.
Luzbel	Pues oye cómo se lamenta. 140

(Sale David, como huyendo, y representa asustado.)

David	Inmenso Dios de Israel,

pues tú quieres que padezca,
desterrado y perseguido,
cansancio, hambre, sed, miseria,
cúmplase tu voluntad;   145
y para que yo hable en ella,
tú, Señor, mis labios abre
y purifica mi lengua;
ensalzará tu justicia
mi voz, porque solo atenta   150
a tu alabanza ha de estar;
y pues quieres que padezca,
fugitivo y desterrado,
mi vida haciendo defensa
su fuga, piadosos montes,   155
dadme albergue en vuestras quiebras;
brutos, dadme en vuestras grutas
hospedaje, hasta que venza
mi humildad de Saúl la ira,
la del cielo mi paciencia.   160

(Vase.)

Avaricia	Ya hemos visto de David también la fuga.
Lascivia	¿Qué piensas sacar de estas tres visiones?
Luzbel	En oyendo la que queda, ¿qué veis en estotra parte? 165

(Dentro grita de villanos y salen la Liberalidad y la Castidad de villanas, bailando con otros pastores, los músicos y Nabal, vestido de mayoral, y Abigail, de villana.)

Avaricia	Voces de música y fiesta.
Lascivia	Nabal es, gran mayoral del Carmelo, que celebra con su esposa Abigail, pura a mi pesar y honesta, 170 de su ganado el esquilmo.
Avaricia	Y sus pastores celebran su venida a los rebaños, diciendo en voces diversas...
Música	Nuestro mayoral 175 y su esposa bella a ver sus ganados, ¡norabuena vengan! ¡Vengan norabuena! ¡Norabuena vengan! 180

Luzbel	Oye y nota de los dos
	las condiciones opuestas.

Nabal	Bellísima Abigail,
	aunque junto a tu belleza,
	lo rústico y mal pulido	185
	de mi persona parezca
	lo mismo que junto a aquel
	espino la rosa bella,
	junto aquel césped el lirio,
	a aquel tronco la azucena,	190
	la abundancia de mis bienes
	bien puede hacer que merezca
	tu beldad: que la fortuna
	suple la naturaleza.
	Vuelve a ese campo los ojos;	195
	verás montañas y selvas
	desvanecerse a la vista,
	porque de cabras y ovejas
	el número desparece
	los collados, de manera	200
	que se duda si sus bultos
	son de lana o son de yerba.
	Desde Faran a Maón,
	lindes que el Carmelo cercan,
	corren con temor las aguas,	205
	cuando descienden a ellas
	a consumir sus cristales;
	y en el esquilmo a que llegas,
	golfos de nieve verás
	que las hacen competencia,	210
	pues entre plata que corre
	y plata que se está queda,

	su misma lana las reses	
	tal vez se beben sedientas.	
	Todo es tuyo, porque es mío;	215
	en la abundancia consuela	
	la desigualdad.	

Abigail   Yo estoy
                de ser tu esposa contenta,
                tanto, que sin estas dichas
                la de ser tuya tuviera   220
                por la mayor, dando al cielo,
                siempre a su piedad atenta,
                las gracias de mi fortuna.

Nabal   No al cielo se lo agradezcas,
                sino a mí; yo soy el dueño   225
                de todo, sin que le deba
                más que emplear bien sus bienes,
                puesto que en mí los emplea,
                que le sé mirar por ellos.

Abigail   No sus piedades ofendas.   230

Nabal   No ofendas tú mis venturas.

Castidad   ¡Qué sequedad!

Liberalidad   ¡Qué belleza!

Nabal   Hasta llegar a la quinta,
                la música y baile vuelva.

(Vanse cantando y bailando.)

Música	¡Nuestro mayoral	235
	y su esposa bella	
	a ver sus ganados,	
	inorabuena vengan!	
	¡Vengan norabuena!	
	¡Norabuena vengan!	240
Lascivia	Ya, Luzbel, habemos visto	
	de Goliat la fiereza.	
Avaricia	Ya hemos visto de Saúl	
	la ira.	
Lascivia	La fuga violenta	
	de David.	
Avaricia	La rustiquez	245
	de Nabal.	
Lascivia	Y la modestia	
	de Abigail.	
Las dos	¿Qué nos quieres	
	ahora?	
Luzbel	Que me estéis atentas:	
	ya sabéis que de los cielos,	
	mi hermosa patria primera,	250
	desterrado salí, siendo	
	aquella arrancada estrella,	
	aquella luz desasida,	
	aquel errado cometa,	
	que las llaves del abismo	255
	tras sí trujo, pues abiertas	

sus gargantas desde entonces,
es sobre el haz de la tierra,
cada suspiro un volcán
y cada bostezo un Etna. 260
Ya sabéis que fue la causa
que, siendo yo como era
noble espíritu, criado
con gracia, hermosura y ciencia,
no quise adorar la vil, 265
la humana naturaleza
que revelada me fue
allá en la divina idea
de Dios; de cuya ojeriza,
de cuyo rencor la fuerza 270
aún hoy no borrada dura,
aún hoy viva se conserva;
pues desde este infausto día
de mi lid y mi tragedia
la aborrezco como imagen 275
de Dios, bien como la fiera
que en los circos acosada,
coléricamente ciega,
no pudiendo en quien la injuria,
en lo que es suyo se venga. 280
Ya de esta saña testigo
fue la primer patria bella
del hombre, donde, serpiente
enroscada a la corteza
del vedado tronco, hice 285
que la gracia de Dios pierda;
cuya ofensa fue infinita,
pues siendo contra Dios hecha,
que es infinito, incapaz
quedó de satisfacerla, 290

porque no pudiendo dar
infinita recompensa
el hombre por sí, dejó
siempre infinita la ofensa.
LLórala, ¡ay de mí!, y movido   295
Dios de sus lágrimas tiernas,
mérito infinito quiere
que satisfaga la deuda;
a cuyo efecto dispone
que su Hijo a pagar venga   300
lo infinito a lo infinito
cuando, ¡oh admirable clemencia!,
la divinidad admita
humana naturaleza.
Este prodigio, este asombro,   305
este pasmo, esta grandeza
de su encarnación en una
Virgen madre tan perfecta
que, toda pura, no haya
ni aun sombra de sombra en ella,   310
es uno de los misterios
que Dios para sí reserva;
sin que yo, que aunque la gracia
perdí, no perdí la ciencia,
pueda, no solo alcanzarle,   315
pero ni rastrearle pueda.
Y así, dado a conjeturas
cuanto negado a evidencias,
ando discurriendo siempre
cómo vendrá, cuando venga,   320
el prometido Mesías,
que ahora solo se deja
ver en figuras y sombras,
como son la escala bella

de Jacob, la zarza viva   325
de Moisés, el haz de leña
de Isaac, el rocío cuajado
de Gedéon y la niebla
de Elías, sin otras muchas,
de quien hablan los profetas,   330
que en el seno de Abraham
depositados esperan,
en fee de Cristo venturo,
a que abra el cielo sus puertas.
Preguntarásme tú ahora   335
qué consecuencia tiene esta
duda con mirar postrada
de Goliat la soberbia,
vencida de Saúl la ira,
malograda la belleza   340
de Abigail, de Nabal
la rusticidad y hacienda
y la fuga de David.
Pues sí tiene consecuencia,
sí tiene; y muchas, o vamos   345
ajustando congrüencias.
Aquí hay un joven de tanta
virtud, que desde su tierna
edad venció en los leones
todo el resto de las fieras: 350
su nombre es David, que quiere
decir, en la frase hebrea,
amado, y que él lo es de Dios
sus mismas fatigas muestran,
pues aun sus persecuciones   355
nacen de sus excelencias.
Del gran tronco de Judá
es rama, y su descendencia,

según la mágica mía
(quiera el Sol que esta vez mienta)   360
previene varones grandes,
y uno que por excelencia
se llamará de David
hijo, ¡al pronunciarlo tiembla
la voz! Señas, al fin, todas   365
del Mesías que se espera;
que aunque yo sé que no es él,
ni es posible que lo sea
pues de Daniel las semanas
aún no cumplidas se cuentan,   370
que es su sombra es conjetura
que casi pasa a evidencia;
y más al ver que derriba
espíritus de soberbia
de una honda al estallido,   375
con sola una de tres piedras;
y más al ver que los de ira
con un instrumento ahuyenta
que consta de tres maderos,
unos clavos y unas cuerdas;   380
y finalmente, de ver
que, extraño, a ampararse llega
del desierto de Farán,
que es posesión y es herencia
de Nabal; Nabal, que insulso   385
y ignorante se interpreta,
el cual es de una hermosura,
de virtud y gracia llena
dueño, cuyo nombre ha sido
Abigail, que en sí encierra   390
sentidos que decir quieren,
en la tradición más cierta,

La madre de la alegría.
Pues si ya sentado queda
que el Mesías que se aguarda   395
en sombras se manifiesta,
y aquí hay más luces que sombras,
he de ver si lo son éstas;
y pues ya del literal
sentido hasta aquí es la letra,   400
a lo alegórico vamos.
Hagamos desde aquí cuenta
que Nabal el ignorante,
de bienes lleno y riquezas,
es el mundo; la mujer   405
que está en él como violenta
hagamos cuenta que es
la del amenaza fiera
de aquella que ha de poner
los pies sobre mi cabeza.   410
Y pues en la alegoría
David Cristo representa,
veamos qué hospedaje le hacen,
cuando a sus términos llega,
el mundo con su ignorancia,   415
la mujer con su prudencia;
para que así desde ahora
para entonces me prevenga
de los secretos que guardan
el instrumento y la piedra.   420
Dividiéndoos a las dos
la costa de la experiencia,
para este efecto he querido
que tú, Avaricia, poseas
de Nabal el pecho, haciendo   425
que avaro con David sea.

Tú, Lascivia, has de viciar
esa cándida pureza;
veamos, madre de alegría,
si hay mancha que la entristezca.   430
Yo he de verme con David,
donde en campaña desierta
tengo de lidiar con él,
cuerpo a cuerpo y fuerza a fuerza,
esta representación   435
ensayo haciendo de aquella
que con sus sombras me asombra,
con sus luces me atormenta,
con sus visos me deslumbra,
con sus reflejos me ciega,   440
con sus profecías me aflige,
con sus temores me hiela,
con sus verdades me abrasa,
y, finalmente, me deja
a mí tan sin mí, que juzgo,   445
viendo este misterio a ciegas,
que con gracia y hermosura
debí de perder la ciencia.

Avaricia   Yo te ofrezco de mi parte
hacer que con mi asistencia   450
este rústico Nabal
el rico avariento sea
de la parábola.

Lascivia   Yo
del proverbio a la sentencia
«¿quién hallará mujer fuerte?»   455
«Nadie», daré por respuesta.

Luzbel	No en vano de ti confío
	de la ira y la soberbia
	vengar el pasado ultraje.

Lascivia	Disfrazada y encubierta	460
	me podré disimular	
	entre las gentes diversas	
	de todas las alquerías,	
	que su venida festejan.	

Avaricia	Vamos, y el villano traje	465
	nuestra malicia desmienta.	

(Danse las manos los tres.)

Luzbel	Nabal, Abigail, David
	sientan nuestro furor.

Las dos	¡Sientan!

Luzbel	¡Viva la Avaricia!

Las dos	Viva.

Luzbel	¡Muera la honestidad!

Las dos	Muera.	470

(Vanse y sale Simplicio, de villano.)

Simplicio	¡Por acá, por acá, Rita, cabrío!
	¡Oh mala hacienda, hacienda de jodío!
	¡Verá por donde echa!
	Por más que se lo digo, no aprovecha,

con la honda ni el cayado;   475
cabra y mujer, ¡oh fuego en el ganado!
que pese a quien pesare,
siempre ha de echar por do se le antojare.
Mas, ¡que va a dar (no es pulla) aquel silbato
a los soldados hoy, con todo el hato!   480
que por aquí ligeros
del ejército vienen tornilleros.
¡Por acá, por acá!... Cánsome en vano.
Ésta se lo dirá...

(Pone una piedra en la honda y salen dos Soldados.)

Soldado I   Tente, villano.

Simplicio   Tenido, detenido y retenido   485
                   estó, estaré y he estado.

Soldado II   ¿Cuyo ha sido
                   este rebaño?

Simplicio   Este y aquel y esotro,
                   y cuantos hay de un lindero a otro,
                   pastores, perros, chozas, pastos, redes
                   son, han sido y serán de sus mercedes;   490
                   pues todo está, todo ha de estar, y ha estado,
                   a su servicio, a su gusto y a su mandado.

Soldado I   No os aflijáis, que solo de vos quiero
                   dos recentales que llevar espero
                   a nuestro capitán.

Simplicio   ¿Dos solamente?   495
                   ¡Cuatro han de ser, y aun ocho, aun doce,

aun veinte,
treinta, cincuenta, ciento, cuatrocientos,
centena de millar, cuento de cuentos!
Y después del ganado,
el zurrón y la honda y el cayado,   500
gorra, sayo, greguescos y camisa.

(Arrójalo todo y vase desnudando, y queda lo más ridículo que pueda.)

Soldado II   Teneos, no os desnudéis con tanta prisa.

Simplicio   ¿Cómo no? Todos estos caballeros
                       hoy me han de ver, jurado a Dios, en cueros.

Soldado I   ¡Hay tan necia porfía!   505

Simplicio   A quien roba con tanta cortesía
                       hasta el pellejo a darle estoy dispuesto.

Soldado II   Teneos.

Simplicio   No hay qué tratar.

Soldado I   ¡Teneos!

(Salen David y Jorán.)

David   ¿Qué es esto?

Soldado I   El temor de un villano.

Simplicio   Yo no puedo
                       tener temor, mentís.

David	¿Qué tenéis?

Simplicio	Miedo.	510
	Piden dos recentales,	
	mas con palabras tales,	
	que al ver sus buenos tratos,	
	no solo el hato doy, pero los hatos.	

David	¿No he mandado que nadie daño haga?	515

Los dos	Señor...

David	¡No vuestra voz me satisfaga!
	De aquí os quitad.

(Vanse los dos.)

¿Es vuestro este ganado?

Simplicio	Si fuera mío, ¿hubiérale yo dado?	
	Es del amo, por eso tan sin pena	
	só liberal; como es hacienda ajena...	520

David	¿Quién es el amo?

Simplicio	Un tonto, un mentecato,	
	un simpre, un necio, un bruto, un insensato,	
	que en sus malicias solamente peca.	
	¿Veme a mí? Pues con él soy un Séneca.	
	Tan poco sabe, que al saber conviene	525
	ser rico, pues no sabe lo que tiene.	

David	¿Quién es?

Simplicio	Nabal se llama, del Carmelo
	gran mayoral; y aunque es su patrio suelo
	Maón, está aquí estos días,
	porque a sus alquerías 530
	al esquilmo ha venido.

David	Id en paz, y llevad vuestro vestido
	y ganado seguro, que ninguno
	os hará mal.

Simplicio	¿Se burla?

(Aprieta a correr y como llamando le dan el vestido y él le va reconociendo.)

Jorán	No, importuno,
	dudéis que los soldados 535
	de David ni en hacienda ni en ganados
	harán daño, porque es contra su fama
	al prójimo ofender.

Simplicio	¿Da... qué se llama?

Jorán	David.

Simplicio	¿David? Yo salto de contento,
	pues quien da vid, da pámpano y sarmiento; 540
	quien da sarmiento y pámpano, da uvas;
	quien da uvas, da lagar; quien lagar, cubas;
	quien cubas, mosto. ¡Oh nombre peregrino,
	pues dado el mosto, quien da vid, da vino!

(Vase.)

David	Ya ves, Jorán, fiel confidente mío,	545
	que no nos basta ni el valor ni el brío	
	a oponernos al riesgo, ni a guardarnos	
	y que en estas montañas sustentarnos	
	no es posible, pues ellas	
	las verdes plantas y las fuentes bellas	550
	solo nos dan, tratándonos sus frutos	
	no como a racionales, como a brutos.	
	Algún medio busquemos	
	con que al desierto el hambre toleremos.	

(Sale Luzbel, escuchando.)

| Luzbel | ¿Hambre y desierto? Hoy la industria mía | 555 |
| | empiece aquí a correr la alegoría. | |

| Jorán | No sé qué medio pueda consolarte. | |

| David | Uno hay solo. A Nabal ve de mi parte... | |

| Luzbel | (Atención con mi duda). | |

David	...Y con mi paz y gracia le saluda	560
	diciendo que he venido	
	a sus términos, pobre y afligido,	
	que de su mano algún socorro espero.	

Luzbel	Sombras, si este es el Sol, ya va el lucero,	
	con la paz y la gracia prevenida,	565
	a publicar al mundo su venida.	

Jorán	Yo iré, Señor, delante.	
	¡Oh si sola mi voz fuese bastante	
	a que te conociese,	

	y cortés te admitiese,	570
	consolando tus penas y agonías!	

(Vase y llega Luzbel.)

Luzbel	¿Lo que puedes tomar, David, envías a pedir?	

| David | Sí, por ver que de amor lleno,
lo dado es propio, lo tomado ajeno;
mas tú, ¿quién eres, que esto has reprobado? | 575 |

| Luzbel | Soy de los que te siguen un soldado
que, viéndote rendido
a tanto ayuno, lástima he tenido
de verte así. ¿Posible es que nos vedes
tomar lo necesario? Y cuando puedes
no agradecer a nadie tu sustento,
¿le envías a pedir a un avariento? | 580 |

| David | Sí, que es suyo y no es mío,
y yo del Cielo mi favor confío,
no del robo. | |

| Luzbel | Bueno es confiar del Cielo;
pero fuera mejor cuando ese celo
tanta virtud te diera,
que en pan aquestas piedras convirtiera. | 585 |

| David | Cuando el Cielo tal virtud me otorgara,
aun de ella... | |

| Luzbel | ¿Qué? | |

| David | No usara. | 590 |

| Luzbel | ¿Por qué? |

| David | Porque hay un texto en que se escribe |
que no de solo pan el hombre vive,
sino de la palabra
que Él nos dispone y labra.

(Asústase Luzbel.)

| Luzbel | Pues si tanto del cielo te confías, | 595 |
prueba a ver si sus altas jerarquías
agradecidas son: desde esa peña
a ese profundo valle te despeña,
que no dudo que vengan
ángeles que en el aire te detengan. 600

| David | En Dios ha de esperarse |
siempre, mas nunca a Dios ha de tentarse.

| Luzbel | ¿Qué Dios, cuando afligido |
te ves y no te ves favorecido?
Mira desde esa cumbre, 605
que al Sol registra la dorada lumbre,
cuanto descubren varios horizontes,
páramos, nubes, piélagos y montes:
pues todo es tuyo, como sin errores
a mi deidad adores. 610

| David | Ni más la voz, ni más el labio mueve, |
que adoración a Dios solo se debe;
iy huye, huye de mí!, porque sospecho
que está Satán hablándome en tu pecho;

	o yo huiré por no verte,	615
	ni ver en ti la sombra de mi muerte.	

(Vase.)

Luzbel · ¡Oh pena! ¡Oh rabia fiera!
Mal la experiencia me salió primera,
pues de mis tres propuestas,
tres peligros venció con tres respuestas. · 620
Pero con nuevo engaño
haré, para su daño,
que la fiereza de Nabal le espante
en ese precursor que va delante,
con disfraz asistiendo mi malicia · 625
a lo que ya le dice la Avaricia.

(Vase y vestida de villana, salen la Avaricia y Nabal, como hablando en secreto.)

Avaricia · Esto te digo, movida
de la grande perdición
de tu hacienda; todos son
contra ti.

Nabal · ¡Bien, por mi vida! · 630
Prosigue.

Avaricia · Yo, agradecida
a haber nacido, señor,
a sombras de tu favor,
en una pobre alquería,
donde está la suerte mía · 635
a merced de mi labor,
esto te prevengo aquí.

	Ninguno hay que no pretenda ser liberal de tu hacienda.	
Nabal	¡Y cómo que es eso así!	640
Avaricia	Todos sirven para sí.	
Nabal	(Bien de ella misma lo infiero).	
Avaricia	El mayoral el primero te roba y con su ejemplar, no hay pastor que sin robar te sirva; hasta un vil cabrero, Simplicio pienso que es su nombre, a una compañía de soldados ofrecía hoy todo el rebaño.	645
Nabal	Y, pues, ¿llevóle?	650
Avaricia	No; mas después dijo de ti mil maldades.	
Nabal	¿Qué dijo?	
Avaricia	Si me persuades a eso, dijo que insensato eras, necio y mentecato.	655
Nabal	Cuantas dices son verdades; todos mormuran de mí. Tú, pues obligarme quieres, venme a decir cuanto vieres.	

(Salen Abigail y la Liberalidad trae unos memoriales.)

| Abigail | Liberalidad, aquí | 660 |
| | te he menester. | |

| Liberalidad | Tuya fui. |

| Nabal | ¡Ah vil canalla traidora! |

| Abigail | Nabal, mis pobres ahora |
| | dan memoriales, por ver... |

| Nabal | ¿Siempre, Abigail, has de ser | 665 |
| | de pobres intercesora? | |

Abigail	...Que el bien contigo llegó;
	porque habiendo tú llegado
	a tu hacienda y tu ganado...

| Avaricia | Mas es suyo. |

| Nabal | Eso creo yo. | 670 |

Abigail	...Cualquiera se persuadió
	a que su bien ha venido.
	Este es de un pobre tullido...

| Nabal | ¡Pues que no corra! |

(Rómpele.)

| Abigail | Este es |
| | de una mujer viuda... |

| Nabal | ¡Pues | 675 |

consuélela otro marido!

(Rómpele.)

Abigail   Este es de un viejo...

Nabal   ¡No hubiera
vivido tanto!

(Rómpele.)

Liberalidad   ¡Ay de mí!
¿Quién pudo trocarle así?

Nabal   ¡Y a todos de esta manera   680
respondo!

(Quítale los memoriales y rómpelos.)

Abigail   Ten la acción fiera,
no el cielo, Nabal, se ofenda,
ni con los pobres se entienda
que es cruel tu condición.

Nabal   Ellos conmigo lo son,   685
pues que me piden mi hacienda.

Abigail   El cielo manda querellos.

Nabal   Es engaño, pues si fuera
así que el Cielo quisiera
con mi hacienda socorrellos,   690

no a mí la diera, sino a ellos;
pues a no querer su anhelo,
su fatiga y desconsuelo,
la diera a ellos y a mí no.
¿Es bien que quiera hacer yo 695
lo que hacer no quiso el cielo?
Él quiere que pobres haya,
luego ofenderále quien,
haciendo a los pobres bien,
contra sus decretos vaya. 700
Yo no he de tener a raya
su poder; padezca y muera
quien él quiso que lo fuera,
que no es bien que gaste yo
contra él lo que él me dio. 705

Abigail   El Cielo quiso que hubiera
                 pobres y ricos, midiendo
                 su justicia, porque cuando
                 el uno merezca dando,
                 merezca el otro pidiendo, 710

Nabal   Yo presumo que le ofendo.

Abigail   Yo no, porque considero
                 que el rico es un tesorero
                 de Dios y en su nombre da.

Nabal   Por sí o por no, bien está 715
                 en mi bolsa mi dinero.

Abigail   Tus pastores y criados
                 dicen que atento a lo bien
                 que te sirven, pues se ven

	tanto, señor, mejorados,	720
	tus pastos y tus ganados,	
	mandes que les paguen...	

Nabal   Di.

Abigail   ...Lo que les debes

Nabal   ¿Así?
pues bien puedes respondellos...

Abigail   ¿Qué?

Nabal	...Que a mí me paguen ellos	725
	lo que me deben a mí.	
	Todos son ladrones y es	
	sin duda que en su ejercicio,	
	primero que a mi servicio,	
	acudan a su interés.	730
	¿Quieres saber cuánto es?	
	Hasta un rústico pastor,	
	un vil Simplicio...	

(Sale Simplicio.)

Simplicio	Señor,	
	¿qué me mandas, ya que he sido	
	a tan buen tiempo venido?	735

Nabal   Y muy bueno. Pues ¡traidor!

(Échale la mano.)

Simplicio   ¡Ay, que me ahoga!

Nabal	¿¡A quién, di,
	con villanas bizarrías
	hoy el rebaño ofrecías!?

Simplicio   ¿Yo, señor?

Nabal   ¡Sí, infame, sí!   740

Avaricia   Y es verdad, que yo lo vi.

Nabal   ¡Todo, todo lo he sabido!

Simplicio   Pues no estés tan ofendido,
sino antes desenojado,
que si daba tu ganado,   745
también daba mi vestido:
tal miedo era el que tenía.

Nabal   ¿Y aquello de que insensato
soy y tonto y mentecato?

Simplicio   ¡Mal haya la lengua mía!   750
Testimonios son: ¿yo había
de decir eso de ti?

Avaricia   Sí es verdad, y yo lo oí
y que no son testimonios.

Simplicio   ¡Zagala de los demonios!,   755
pues ¿qué te va en ello a ti?

Avaricia   Solo decir la verdad.

Simplicio	¿Qué mujer a ello se inclina?
Nabal	¡Hola! Al punto de esa encina ese villano colgad.

760

Simplicio	¡Piedad, señora, piedad!
Abigail	Duélete de sus gemidos.
Nabal	¿No basta, pues tus sentidos en ser madre los empleas,

765

que de los pobres lo seas,
sino de los afligidos?

(Sale Luzbel, de villano, con alguna sangre en el rostro.)

Luzbel   A tus pies, señor, herido,
cual ves, sin voz, sin aliento,
de una tropa de soldados
a pedir justicia vengo.   770
Un extranjero pastor
soy que a merced de tu sueldo
vive deseando agradarte,
porque te tengo por dueño,
en quien para mí está el mundo   775
cifrado en mis pensamientos.
A mi rebaño llegaron
y porque se le defiendo,
me han tratado como ves,
y es harto no haberme muerto.   780

Nabal	¿Lo mismo hiciera Simplicio...?
Simplicio	No hiciera tal, porque es cierto

	que si yo lo mismo hiciera,	
	hicieran ellos lo mesmo.	

Nabal
La defensa del ganado,   785
noble pastor, te agradezco.
¡Hola!, estad en lo que os digo:
desde hoy a todos aquellos
que llegaren desmandados
a todo el distrito nuestro,   790
muerte los dad.

Abigail
                Señor, mira
que es riguroso precepto.

Nabal
Y ese piadoso cansancio
a todas horas opuesto.
De alegría dicen que eres   795
madre, ¡y yo para mí pienso
que eres de tristeza, siempre
llorando duelos ajenos!

(Yéndose con enfado, sale la Lascivia como oyendo lo que canta. Canta.)

Lascivia
Mal empleada hermosura,
pon en otro los deseos,   800
que no es bien que tus cariños
se agradezcan con desprecios.

(Sale la Castidad.)

Castidad
A la voz de esta villana,
celosa, a buscarte vengo.

Abigail
No lo estés, Castidad, pues   805

	solo de tuya me precio.	
Lascivia (Canta.)	Las pastoras que en el valle...	
Abigail	¡Detén, villana, el acento no prosigas, no prosigas!	
Lascivia	No haré, porque al verte quedo torpe la voz, mudo el labio y sin aliento el aliento.	810
Abigail	Esos profanos cantares, ni son, ni han de ser, ni fueron de la esfera de mi oído; y agradece que te dejo con vida, porque mi enojo no diga tu atrevimiento.	815
Lascivia	Señora, yo...	
Abigail	Ni aun disculpas oír de tu boca quiero.	820

(Tápase los oídos.)

Lascivia	Ni aun yo podré ni disculpas darte ya, que al verte tiemblo tanto, que hacia mí revienta todo el volcán de mi pecho.	
Simplicio	¿De cuándo acá, dime, en casa tantas caras nuevas veo?	825
Castidad	Es que se ha juntado hoy toda	

la vecindad de esos pueblos.

Luzbel	¿Cómo va, Avaricia?

Avaricia (Aparte.)   Bien;
de tu parte al mundo tengo.   830

Luzbel	¿Cómo va, Lascivia?

Lascivia (Aparte.)   Mal;
una mujer es tu opuesto.

Simplicio   Agradecido, muesama,
a la vida que la debo,
viéndola triste, quisiera   835
divertilla con un juego.
¿Queréis jugar todos?

Todos   Sí.

Simplicio   ¿No entrará ella en él?

Abigail (Aparte.)   No quiero
que estos, que al fin son villanos,
malicien mis sentimientos.   840
Sí, yo entraré en él con todos.

Luzbel   Con todos entra en el juego,
veamos lo que de él sacamos.

Lascivia   Yo entraré, por si la pierdo
el temor que la he cobrado.   845

(Siéntanse Simplicio en medio; Abigail, a mano derecha; luego la Castidad, luego la Liberalidad; al otro lado, la Avaricia, luego la Lascivia, luego Luzbel y los Músicos.)

Simplicio	¡Ea, en rueda nos sentemos!
	El juego es de las colores,
	que aunque dicen que es de ingeño,
	si yo no le tengo, basta
	el pensar yo que lo tengo. 850
	¿Qué color quiere, muesama?
Abigail	Blanco.
Simplicio	Qué inifica quiero
	saber.
Abigail	Castidad, que es
	la color de que me precio.
Castidad	¿Tomaste de mi color 855
	lo puro?
Abigail	Sí, y aun por eso.
Simplicio	Pues toma tú otra.
Castidad	Yo azul.
Simplicio	Y aquesa ¿qué inifica?
Castidad	Celos.
Abigail	¿Celos tú? ¿De quién los tienes?

Castidad	No de ti, de alguien los tengo.	860

(Mirando a la Lascivia.)

Simplicio	Liberalidad, elige.

Liberalidad	Verde.

Simplicio	¿Y qué inifica?

Liberalidad	Necio;
	La esperanza de la tierra,
	por lo liberal del cielo.

Simplicio	¿Vos, zagala?

Lascivia	Yo morado.	865

Simplicio	¿Qué inifica?

Lascivia	Amor.

Simplicio	Sea honesto.
	¿Y vos, parlera?

Avaricia	Dorado.

Simplicio	¿Qué inifica?

Avaricia	Mis deseos,	
	que son firmeza en guardar	
	el oro, que es color de ellos.	870

Simplicio	¿Vos, pastor rocín venido?

Luzbel	Siempre mi color es negro.
Simplicio	¿Y qué inifica?
Luzbel	Tristeza, que es la que yo siempre tengo.

Simplicio	Los mósicos prevenidos	875
	tengan tonos y instrumentos,
	porque han de ir dando la vaya
	a los que vayan cayendo,
	y ellos dar prenda y comprir
	la penitencia.

| Todos | ¡Sí haremos! | 880 |

Simplicio	Pues yo he de her un discurso,
	y como fuere diciendo
	el color, ha de decir
	lo que inifica su dueño;
	y si yo lo que inifica	885
	dijere, ha de decir presto
	el color.

| Todos | Ya está entendido. |

| Simplicio | Pues cantad, mientras yo empiezo. |

Música	¡Vaya, vaya de juego,
	y que pague la pena	890
	quien hace el yerro!

| Simplicio | Las sagradas profecías |

grandes cosas nos dijeron,
por boca de los profetas,
hablándonos Dios en ellos,   895
acerca de la venida
del Mesías verdadero,
con cuya «esperanza»...

Liberalidad   ¡Verde!

Simplicio   ...Están clamando y diciendo
que abra sus senos la tierra,   900
y produzga de sus senos
al Salvador, cuyas voces
de esa «azul» esfera...

Castidad   ¡Celos!

Simplicio   ...Penetraron la mansión,
hasta el sacro solio excelso,   905
con la «firmeza»...

Avaricia   ¡Dorado!

Simplicio   ...De que ya de su destierro
cesará con su venida
toda la «tristeza»...

Luzbel   ¡Negro!

Simplicio   ...Esta, pues, sinceridad   910
de fee pura, puro celo;
esta, pues, «castidad»...

Abigail   ¡Blanco!

Simplicio	...De obras y de pensamientos,	
	dicen que ha de merecer,	
	allá en un dichoso tiempo,	915
	ver de esta «esperanza»...	

Liberalidad	¡Verde!	

Simplicio	...Logrados los cumplimientos.	
	La causa, pues, de venir	
	Dios a la tierra encubierto,	
	es cierto que es puro «amor»...	920

Lascivia	¡Morado!	

Simplicio	...Y divinos «celos»...	

Castidad	¡Azul!	

Simplicio	...Del ángel y el hombre,	
	a uno amando, a otro venciendo;	
	porque aquél en el Impíreo,	
	viéndose hermoso, soberbio,	925
	ciego con oscuras sombras	
	y ofuscado en «negros» velos,	
	a Dios se atrevió...	

Luzbel	¡Es verdad!	

Simplicio	No habías de decir eso,	
	sino «tristeza», pues yo	930
	«negro» dije. Prenda presto,	
	pues vos el primero erraste.	

Luzbel	¡Claro está que erré el primero!
Simplicio	¿Qué prenda me dais?
Luzbel	Mi mesma desesperación, supuesto 935 que habiendo errado, de haber errado no me arrepiento.
Música	¡Vaya, vaya de juego, y que pague la pena quien hace el yerro! 940
Luzbel	¡Vaya de juego; pero yo ya la pago, pues la padezco!
Simplicio	Digo, pues, que la caída de aqueste obstinado y ciego 945 dragón puso a Dios por «blanco»...
Abigail	¡Castidad!
Simplicio	...Al hombre, haciendo que, para ocupar su silla, criado fuese en el ameno alcázar de un Paraíso, 950 adonde, ingrato no menos, viendo aquel «dorado» fruto, que vedado estaba...
Avaricia	¡Es cierto!, que comió de él porque quiso ser de dichas avariento. 955

Simplicio	Dijérades vos «firmeza», quitándoos de todo eso, y no hubiérades errado.	
Avaricia (Aparte.)	Que erré en el fruto confieso, pues todo allí fue avaricia.	960
Simplicio	¿Qué prenda dais?	
Avaricia	Mis alientos, que pretendiendo ser más, siempre vienen a ser menos.	
Música	¡Vaya, vaya de juego, y que pague la pena quien hace el yerro!	965
Avaricia	¡Vaya de juego, que no puedo tenerla, pues ya la tengo!	
Simplicio	Viéndose Dios ofendido del hombre, le manda luego que coma de su sudor, negándole el alimento la «verde» madre, que toda se le rebeló... ¿Qué es eso? Liberalidad, ¿qué haces? ¿Estás dormida?	970 975
Liberalidad	No duermo: pero si Dios retirado mi favor tiene a ese tiempo,	

	y sus liberalidades	980
	limita, no es mucho, necio,	
	que en él estén mis discursos,	
	si no dormidos, suspensos.	

Simplicio   ¿Qué es lo que me das por prenda?

Liberalidad   Doy mi mismo sentimiento.   985

Música   ¡Vaya, vaya de juego,
               y que pague la pena
               quien hace el yerro!

Liberalidad   ¡Vaya de juego,
               que aunque yo no le hice,   990
               también le siento!

Simplicio   Viéndose Dios ofendido
               de ángel y hombre, y que opuestos,
               uno llora, otro no llora,
               del uno acude al remedio,   995
               si bien, por los grandes vicios
               de sus sucesores, vemos
               que se le dilata y hace
               grandes castigos en ellos.
               Dígalo el diluvio, cuando,   1000
               por el torpe, el deshonesto
               «amor» del siglo, inundó
               de «azul» mar el Universo...
               Dad vos prenda, y vos, y todo,
               pues ni «morado» ni «celos»   1005
               dijisteis, y habéis caído
               ambas a dos en un tiempo.

Castidad	Yo caí, mas fue en la falta que de mí tuvieron ellos.
Lascivia	Yo caí, mas fue en la sombra 1010 de apetitos y deseos.
Simplicio	¿Qué prenda dais?
Castidad	Yo, mi llanto, con harto arrepentimiento.
Simplicio	Vos, ¿qué prenda dais?
Lascivia	¿Qué prenda te he de dar, sino mi fuego? 1015
Música	¡Vaya, vaya de juego, y que pague la pena quien hace el yerro!
Las dos	¡Vaya de juego!...
Castidad	Mas mi yerro no es mío 1020 porque es ajeno.
Lascivia	¡Vaya de juego! Mas mi yerro sea mío, pues dél me precio.
Simplicio	La ama sola no ha caído. 1025
Luzbel	(Ella cairá, si yo puedo).
Simplicio	En fin del castigo Dios

	por entonces satisfecho,	
	de nuevo volvió a poblar	
	el mundo, y darle de nuevo	1030
	esperanza...	

Liberalidad   ¡Verde!

Simplicio   ...Al ver
que ya el gran manto azul...

Castidad   ¡Celos!

Simplicio   Bien enmendadas estáis;
a fee que va bueno el juego.

Castidad   Yo no he de caer dos veces.   1035

Avaricia   Una vez todos caemos.

Simplicio   De paz la bandera blanca...

Abigail   ¡Castidad!

Simplicio   ...Tremola al viento,
desechando la tristeza
entre los tapidos velos.   1040
Vos sí que otra vez erraste.

Luzbel   Yo erraré otra y otras ciento,
y siempre errando estaré.

Simplicio   ¿Qué es la pena?

Luzbel   Mi tormento.

Simplicio	Digo, pues, que serenada
	la luz y Dios satisfecho,
	para haber de venir, va
	desde el Arca previniendo
	una hermosa Virgen Madre,
	que ha de ser su claustro y centro,
	tal que nunca ha de caer
	ni aun en el menor defecto;
	pues su limpieza y pureza
	en su feliz nacimiento,
	como en su virginidad...

1045

1050

1055

Abigail   ¡Blanco!

Simplicio   ...Ha de ser el objeto
                   principal de Dios...

Luzbel   Aguarda,
            que no has reparado en ello
            ya Abigail ha caído.

Abigail   No he caído.

Luzbel   ¿No? ¿Si vemos   1060
            que, sin decir «castidad»,
            «blanco» has dicho?

Abigail   ¿Qué importa eso
            si dijo «virginidad»,
            que es lo mesmo?

Luzbel   ¡No es lo mesmo
            cuanto al rigor de la voz!   1065

(Levántase.)

Los otros	¡Eslo cuanto al del concepto!
Simplicio	Para atajar la porfía, metan paz los instrumentos.

(Cantan y representan juntamente y sale Nabal.)

Música	¡Vaya, vaya de juego, y que pague la pena quien hace el yerro!	1070
Los unos	¡Siempre quien dice lo más es visto decir lo menos!	
Los otros	¡Ella cayó como todos, pues se anticipó sin tiempo!	1075
Los unos	¡Fue preservar la caída!	
Los otros	¡No hizo!	

(Sale ahora Nabal.)

Nabal	¿Qué es esto? ¿Qué es esto? ¿Es Babilonia mi casa, que todos hablan a un tiempo varias lenguas?	
Abigail	Es, señor, porfía que trujo un juego.	1080

Luzbel	Y juego de tantas veras,
	que ciega mi entendimiento,
	pues se reduce a una dicha,
	y no sé de ella lo cierto. 1085
Nabal	¡Eso sí, jugar y holgarse,
	y el ganado por los cerros!
	Ya no soy recién venido,
	ya no quiero más festejos;
	cada uno a su labor, 1090
	¡es villanos!, id presto;
	ninguno me quede en casa.

(Da tras ellos con el báculo.)

Abigail	No los trates con desprecio.
Nabal	Si es ya hora de comer,
	¿aquí para qué los quiero? 1095
	¡Sacadme la mesa aquí!
Simplicio	Yo iré por ella corriendo.

(Vase.)

Abigail	¿Han de comer tu comida?
Nabal	No, mas los que ven hambrientos
	y, contando los bocados, 1100
	están al manjar atentos,
	ya que no comen, afligen.

(Sacan la mesa bien adornada, y la Avaricia y la Lascivia sirven a ella.)

(A la Avaricia.)	Tú no te vayas, que quiero	
	que tú te quedes en casa.	
	Entrégale tú al momento,	1105
	Liberalidad, las llaves,	
	y vete tú.	

Liberalidad ¿En qué te ofendo?

Nabal En que no te he menester.

Abigail Señor...

Nabal ¡No me canses!, esto
ha de ser; déjame ya 1110
de atormentar con tus ruegos.

Abigail Sí haré y, pues yo también canso,
también me iré yo.

(Vanse Abigail, la Liberalidad y la Castidad.)

Nabal Con eso
saldremos a más yo y mi hambre.
Vos, pastor, no os vais, que, atento 1115
a la fineza de hoy,
(Dásele.) daros este plato quiero.
Pero mirad que mañana,
aunque os maten, ni por pienso,
hasta después de comer, 1120
no habéis de venir con cuentos.
Tomad.

Luzbel Aun aquesto más
tiene de rico avariento,

	que, ya que da algo, lo da	
	a quien lo ha menester menos.	1125
Lascivia	Yo, en fin, la más desairada	
	de los tres estoy.	

(Llaman y llega a la puerta Simplicio.)

Nabal	¿Qué es esto?	
Simplicio	Un soldado quiere hablarte.	
Nabal	Porque vea el opulento	
	plato de mi mesa, dile	1130
	que entre.	
Simplicio	¿Hele de dar asiento?	
Nabal	Pensará que le convido.	
	Si está en pie, se irá más presto.	

(Sale Jorán, y él no deja de comer.)

Jorán	¡Gloria a Dios enlas alturas	
	y paz al hombre en el suelo!	1135
	Paz a ti, Nabal ilustre,	
	gran mayoral del Carmelo;	
	paz a toda tu familia.	
Simplicio	¡Pacífico caballero!	
Jorán	David, hijo de Isaí,	1140
	capitán del pueblo hebreo,	
	en su gracia te saluda	

	por mí, que en su nombre vengo.	
Nabal	Ni le conozco, ni sé	
	quién es David ni a qué efecto	1145
	a mis términos te envía.	
Luzbel	Bien va hasta aquí sucediendo	
	que el mundo no le conoce...	
Lascivia	Dirálo así el Evangelio.	
Nabal	¿Quién es aquese David?	1150
Jorán	Heroico caudillo nuestro,	
	y quien venció a Goliat.	
Nabal	¿Al gigante filisteo?	
Jorán	Sí, señor.	
Nabal	¡Fue grande hazaña!	
	Mas ¿qué tenemos con eso?	1155
	¡De beber!	

(Traele la copa la Avaricia.)

Jorán	Mal informado,	
	Saúl le persigue; él, huyendo	
	de su cólera, ha venido	
	a vivir a este desierto.	
Nabal	A costa de mis ganados,	1160
	ya lo sé...	

Jorán	Mira cuán lejos está de dañarlos, que antes te envía a pedir, pudiendo tomarlo, que le socorras y le des algún sustento, porque a la hambre están rendidos él y sus soldados.

1165

Nabal	¡Bueno! ¡Bueno a fee! ¿Que le socorra yo? Pues ¿yo qué culpa tengo de que él derribe gigantes, ni de que se venga huyendo de su rey, a quien le fuera mejor estarle sirviendo? ¿Veis todos estos pastores? ¡A mí me sirven, y aún siento que me pidan! mirad vos si lo que no doy a ellos lo daré a quien no conozco. Ni aun este pan, que a esos perros arrojo, daré a David; que al fin me defienden ellos los ganados que él me roba; y vos volved, volved presto con mi respuesta y decidle que mis lindes al momento me desocupe; porque me arrebato, me enfurezco

1170

1175

1180

1185

(Levántase furioso.) tanto de oír su demanda,
que por la respuesta os dejo
ir con vida, cuando estoy   1190
no sé qué en mi mente viendo
de otra mesa como ésta...

(Arroja la mesa.)   ...y de otro mensajero,
ique es harto que esté segura
la cabeza en vuestro cuello!   1195

(Vase.)

Jorán   ¡Ah David! ¡Ah dueño mío!
¡Cuánto siento, cuánto siento
volver a ti con tan mala
respuesta!

(Recogen la mesa.)

Simplicio   Dueña parezco,
que anda cogiendo mendrugos   1200
de mondaduras y huesos;
diréselo a Abigail
para que ponga remedio.
¿Pan de perro no le dan?
¡Él nos dará pan de perro!   1205

(Vase y los demás llevan la mesa y quedan los tres.)

Luzbel   Tuyo, Avaricia, es el día;
ya hemos visto, por lo menos,
cómo el mundo le recibe.

Avaricia   Entonces será lo mesmo.

Luzbel   En fin: ¿te das por vencida?   1210

Lascivia   Con vergüenza lo confieso.

Luzbel   ¿Quién será la que a la misma

Lascivia vergüenza ha puesto?
Pues yo no, yo no he de darme
por vencido, cuando advierto   1215
cuánto David, ofendido,
en arma su gente ha puesto.

(Tocan la caja.)

Avaricia   A todos manda que ciñan
                  la espada, y él el primero
                  la empuña en su diestra mano   1220
                  contra Nabal.

Luzbel   Pues aquesto
                  es decir que, airado Dios
                  de sus malos tratamientos,
                  ha de abreviar con los días
                  de el mundo.

Lascivia   Mucho lo temo,   1225
                  pues cuando David airado
                  contra Nabal marcha, veo
                  que allí Abigail, desnuda
                  de los villanos arreos
                  y vestidas nuevas galas,   1230
                  con músicas y instrumentos
                  le sale al paso.

(Tocan guitarras y dan grita.)

Luzbel   Avaricia
                  ve con ella; yo me quedo
                  con David, para que así
                  en ambos bandos estemos,   1235

a la mira de lo que
nos quiere decir el cielo,
cuando esté, entre él y el mundo,
puesta una mujer en medio.

(La Música en un lado y las cajas en otro, suenan a un mismo tiempo,
y salen Abigail, ricamente vestida; la Castidad, con un canastillo y en él
unos panes; la Liberalidad, con una salva y en ella una redoma de vino y la
Lascivia y la Avaricia toman a la puerta unas fuentes de fruta y flores y se
introducen en su acompañamiento; Simplicio trae un cordero, y todos con
toallas en los hombros, y los músicos cantando. Salen de otro lado los que
pudieren con David y Jorán; Luzbel se introduce con ellos y los unos y los
otros dan vuelta al tablado, sin mezclarse con los otros, y representan, como
no viéndose, cada uno aparte con su bando.)

Música	¡Venid, venid sin recelo,	1240
	pues es nuestro norte y guía	
	la madre de la alegría,	
	la primer flor del Carmelo!	

David	¡Ea, soldados míos,	
	ya de mi indignación se llegó el día!	1245
	¡Mostrad, mostrad los bríos	
	contra esa ciega, ingrata villanía	
	que de mi gracia y paz se desespera,	
	diciendo: Nabal muera!	

(Tocan la caja.)

| Todos | ¡Nabal muera! | |

Abigail	¡Ea, venid conmigo,	1250
	amigos! que aunque venga tan airado	
	hoy David, su castigo	

	podrá ser que remita, perdonado	
	el yerro de Nabal. Con voz altiva	
	repetid: ¡David viva!	

| Música | ¡David viva! | 1255 |

David	¡No nos quede hombre humano	
	de esa familia! Con asombro ciego,	
	parezca que mi mano	
	viene a juzgar el siglo a sangre y fuego.	
	¡Rayo soy de la esfera	1260
	superior! ¡Nabal muera!	

(La caja.)

| Todos | ¡Nabal muera! | |

Abigail	¡No desconfíe ninguno!	
	Con esperanza y fee salir espero	
	de este trance importuno;	
	y pues el hado vence más severo	1265
	quien la cerviz derriba,	
	aclamad: ¡David viva!	

| Música | ¡David viva! | |

| David | Aunque música oímos, | |
| | no es de sirenas, no nos suspendamos. | |

| Abigail | Aunque ejército vimos, | 1270 |
| | no es de fieras, no el ánimo perdamos. | |

| David | ¡Muera Nabal!, el viento | |
| | repita. | |

Todos	¡Nabal muera!

Abigail	¡David viva! Vuestro acento repita ¡David viva!

Música	¡David viva!	1275

David	Para que así su vida...

Abigail	Para que así su agrado...

David	...Sepa que llego airado...

Abigail	...Que llego vea rendida...

David	...Cuando con voz al viento fugitiva, escuche:	1280

Todos	¡Nabal muera!

Abigail y Música	¡David viva!

(Acercándose con estos versos, representando cada uno los suyos, se miden de manera que vuelve David y halla a Abigail de rodillas, y el soneto le dice, suspenso.)

David	¿Quién eres, ¡oh mujer!, que aunque rendida al parecer, al parecer postrada, no estás sino en los cielos ensalzada, no estás sino en la tierra preferida? Pero ¿qué mucho, si del Sol vestida, qué mucho, si de estrellas coronada, vienes de tantas luces ilustrada,	1285

vienes de tantos rayos guarnecida?
Cielo y tierra parece que a primores   1290
se compitieron con igual desvelo,
mezcladas sus estrellas y sus flores,
para que en ti tuviesen tierra y cielo,
con no sé qué lejanos resplandores,
la flor de el Sol plantada en el Carmelo!   1295

(Levántala con el último verso, porque, hasta allí, ha estado de rodillas.)

Abigail   Ilustre joven a quien,
                 contra el enojo y la ira
                 de Saúl, todo Israel
                 la sacra corona ciña:
                 Abigail soy, esposa   1300
                 de Nabal, que enternecida
                 de saber que en el desierto
                 padeces tantas fatigas
                 por una parte, y por otra
                 quejosa que él no te sirva   1305
                 cuando tú, necesitado,
                 a valerte de él envías,
                 cumpliendo con dos afectos,
                 de esposa y de compasiva,
                 tu necesidad reparo   1310
                 y su condición esquiva
                 disculpo, para que así,
                 tú de mí el favor recibas,
                 y él de ti el furor aplaque
                 con que vengar solicitas   1315
                 su respuesta; y pues son dos
                 las causas que a esto me obligan,
                 consiga sus dos efectos,
                 para que a un tiempo consiga

ver que tú te desenojas 1320
cuando tus penas alivias.
Si él te ofende, yo te obligo,
no se diga, no se diga,
que contigo los agravios
pueden más que las caricias. 1325
Es ignorante, señor:
su mismo nombre lo explica.
¡Perdónale!, que no sabe
lo que hace cuando irrita
a tu cólera; disculpa 1330
que podrá ser que algún día
la oigan el cielo y la tierra
en otra boca más digna.
El socorro que te traigo,
por ser quien eres, admita 1335
tu piedad; que un pecho noble
más del afecto se obliga
que del don, por quedar siempre
liberal, aunque reciba;
al sacrificio, la fee, 1340
no el precio, le da la estima;
pues más merece el incienso
que ahúma, que el oro que brilla.
Pan y vino, carne y fruta
te traigo; no sé si diga 1345
(Todos de rodillas.)   que en pan, carne, fruta y vino
viene oculto algún enigma;
porque con tal confianza
mi fee te lo sacrifica,
que pienso que en ello ofrezco 1350
cuanto el cielo y tierra cifran.
Repártelo a los soldados
que fueren de tu milicia,

que para ellos solo es,
porque hoy aliviados vivan   1355
del ayuno que padecen;
que a mí, esclava tuya indigna,
solo ofrecerlo me toca,
pidiendo, a tus pies rendida
segunda vez, que si acaso,   1360
por causas que allá militan
en tu mente, tus enojos
aún no han llegado a su línea,
sea la primera yo
que con su púrpura tiña   1365
la verde esmeralda al prado.
Quizá, quebradas, tus iras
no pasarán adelante:
sálvese en mí mi familia.
Pero si tu ilustre pecho,   1370
pero si tu fama invicta
de rendimientos se paga,
merezca la que se humilla,
la que ruega, la que llora,
la que intercede y suspira,   1375
que Nabal y sus criados
vivan por esta vez.

David   Vivan.
Y no solo ellos, pero
todos cuantos de ti fían,
¡oh prodigiosa mujer!,   1380
mi desenojo y su vida.
Si fuera Nabal el mundo,
puesta tú entre él y mis iras,
el mundo, Abigail, viviera
seguro de mi justicia;   1385

porque tú bastaras sola
a librarle; que bendita
eres entre las mujeres,
toda hermosa y toda rica
de espirituales dones. 1390
Y porque veas si estima
los que le ofreces mi amor,
es justo que los admita.
¡Tomad, tomad las viandas
que nos ofrece benigna 1395
la piedad de una mujer!,
para que mejor se diga
que es de Abigail el nombre,
cuando para unos pida,
y a otros dé, ser para todos 1400
la madre de la alegría.
Toma tú este pan.

(Va tomando los platos y dándoselos a los soldados; el postrero es el pan, y vásele a dar a Luzbel, y él se retira.)

Luzbel   ¿Yo el pan?

David   ¿Qué tiemblas? ¿Qué te retiras?

Luzbel   Retírome por no verte,
                          y por verle tiemblo. ¡Oh pía 1405
                          vianda a todos, a mí fiera!
                          ¿Qué rayos son los que tiras,
                          que a su vista deslumbrado,
                          se me han perdido de vista?

David   Ya de esa intención y aquélla 1410
                          que en el desierto tenías,

ha descubierto quién eres
la luz de mis profecías;
y para que veas con cuánta
razón este pan te admira,   1415
que la fee de Abigail
desde ahora sacrifica,
he de pedir a los cielos
que a esta sombra la cortina
corra, porque veas la luz   1420
que en sí incluye, guarda y cifra.
¡Volved a marchar, soldados!
Tú, hermosa mujer divina,
vete en paz, y di a tu esposo
y gentes, que por ti viven.   1425

Abigail   Otra y mil veces, David,
                   deja que a tus pies rendida,
                   tu mano bese.

(Vase a hincar de rodillas y él la detiene.)

David   Eso no;
                   que viendo cuánto te humillas,
                   antes que a la tierra llegues   1430
                   te tendrá la mano mía
                   preservada, para que
                   a nadie tu beldad rindas.

Avaricia   ¡Otro rasgo!

Lascivia   ¡Otro bosquejo!

Luzbel   ¡Otra sombra de divina!   1435

71

Abigail	¡Qué majestad!
David	¡Qué belleza!
Abigail	¡Qué valor!
David	¡Qué maravilla!
Abigail	¡Viva David!, cantad todos.
David	Eso no; en voces festivas decid: ¡Viva Abigail! 1440
Simplicio	Yo compondré la porfía, con que digan unos y otros...

(Cantan y representan todos y quedan los tres.)

Todos	¡Abigail y David vivan!
Luzbel	Cielos, ¿qué misterio es este, que tanto me atemoriza? 1445 ¿Una mujer a salvar basta a cuantos de ella fían su tribulación? ¿Qué pan, qué carne, qué vino libran del enojo de David 1450 a Nabal y a su familia? Avaricia.
Avaricia	No me nombres; que ya no soy Avaricia, mirando cuán liberal Abigail desperdicia 1455

	los tesoros de Nabal.	
Luzbel	¿Qué hará él cuando se lo digan?	
Lascivia	Yo te lo diré, que ya	
	desde aquí alcanza mi vista	
	llegar Abigail a él,	1460
	repetirle su venida,	
	y él como una piedra helado	
	quedar, de verla y oírla.	
Luzbel	¡Ahora, ahora, oh impuros	
	espíritus de mi envidia,	1465
	todos pues, todos en él	
	contra ella se revistan!	
Lascivia	Ya lo están en él, mas no	
	contra ella; que su impía	
	cólera contra sí vuelve,	1470
	mostrando que desestima	
	los auxilios que le ha dado;	
	con que nuestra alegoría	
	vuelve a cobrarse, pues vemos	
	que no remedió su vida,	1475
	pues sujeta al daño queda.	
Luzbel	¡Qué poco aqueso me alivia!	
	La redempción ya se hizo;	
	si él ahora la desperdicia,	
	ya no significa al mundo,	1480
	sino a Nabal; con que explica	
	que al que se desaprovecha,	
	no importa que le rediman.	
	Furioso a nosotros viene.	

(Sale Nabal.)

Nabal	¿Qué es esto? ¡Ay de mí! ¿Qué lidia	1485
	en mi pecho? ¿Qué mortal	
	huésped dentro dél habita,	
	que me despedaza todo	
	el corazón, cuya altiva	
	llama, quedándose llama,	1490
	nada resuelve en cenizas?	
	Por dármela Abigail,	
	he aborrecido la vida.	
	¡No la quiero!, ¡no la quiero!,	
	¡precito estoy! mi voz diga,	1495
	si soy el mundo, que el mundo	
	verá en su postrero día	
	consumirse en fuego todo,	
	sin que la mujer más pía	
	le libre. ¿Quién va? ¿Quién eres?	1500

Avaricia	¿No conoces tu avaricia?	

Nabal	¡Y cómo que la conozco,	
	pues ella el vivir me quita!	
	¿Quién está contigo?	

Luzbel	Yo.	

Nabal	¿Y contigo?	

Lascivia	La Lascivia.	1505

Nabal	¿No sois enemigos todos	
	de aquella que desperdicia	

mis humanos bienes?

Los tres   Sí.

Nabal   Pues contra ella mis esquivas
               ansias ayudad. Subid   1510
               al Carmelo, donde habita,
               y dadla muerte, porque
               los siglos de mí no digan
               que a mí la vida me dio
               esa fiera, esa enemiga,   1515
               piadosa madre de todos,
               de mí solo madre impía,
               por querer yo que lo sea.
               ¡Rabiando estoy! Su benigna
               piedad no quiero, no quiero   1520
               que me aproveche ni sirva.
               Fuego mis ojos arrojan,
               llamas mis voces respiran,
               y pues mi error me despeña,
               mi angustia me precipita   1525
               contra esa flor del Carmelo,
               que es flor de la maravilla,
               nuestros cuatro alientos sean
               cierzos que bramen y giman.
               ¡Venid, venid, injuriadla!   1530
               ¡Subid, subid, destruidla!
               ¡Muera, pues muero!

    (Abrese la peña, vese la fuente y Abigail, con corona y cetro, en medio de
la Liberalidad y la Castidad.)

Abigail   Tened
               el paso, que planta indigna

	no ya este sagrado monte	
	sacrílegamente pisa.	1535
Nabal	¡El monte se despedaza!	
Luzbel	Y en él Abigail se mira coronada.	
Los tres	¿Qué es aquesto?	
Abigail	Llegar las piedades mías,	
	perenes, corriendo siempre,	1540
	a ser fuentes de aguas vivas,	
	pues mi Liberalidad	
	en ellas se significa,	
	y mi Castidad no menos,	
	en lo clara, pura, y limpia.	1545

(Ábrese la tienda, vese Saúl y un sacrificio de leña, da la vuelta y sale una cruz y en el brazo de ella una arpa; a la otra parte, Goliat, y una mesa con una tramoya en que parezca el Sacramento; al otro lado, David, echado al pie del árbol.)

Lascivia	David en su monte acabe con todas nuestras desdichas.	
David	Sí hará, pues a un tiempo es	
	árbol de muerte y de vida	
	este árbol, cuyas ramas	1550
	constan de reales familias.	
	Esta es la gran descendencia	
	de David, de cuya línea	
	aquella flor del Carmelo,	
	segunda Abigail divina,	1555

vendrá, que arco de la paz
corone su verde cima.

Nabal   ¡Qué pasmo!

Lascivia   ¡Qué confusión!

Luzbel   ¡Qué asombro!

Avaricia   ¡Qué maravilla!

Abigail   Esta fuente...

Saúl   Este instrumento...   1560

Goliat   Este pan...

David   Esta real línea...

Los dos   Celebren cielos y tierra.

Todos   Diciendo a sus jerarquías:
             ¡La segunda Abigail
             y el segundo David vivan!   1565

             Fin

Libros a la carta

A la carta es un servicio especializado para
empresas,
librerías,
bibliotecas,
editoriales
y centros de enseñanza;
y permite confeccionar libros que, por su formato y concepción, sirven a los propósitos más específicos de estas instituciones.

Las empresas nos encargan ediciones personalizadas para marketing editorial o para regalos institucionales. Y los interesados solicitan, a título personal, ediciones antiguas, o no disponibles en el mercado; y las acompañan con notas y comentarios críticos.

Las ediciones tienen como apoyo un libro de estilo con todo tipo de referencias sobre los criterios de tratamiento tipográfico aplicados a nuestros libros que puede ser consultado en Linkgua-ediciones.com.

Linkgua edita por encargo diferentes versiones de una misma obra con distintos tratamientos ortotipográficos (actualizaciones de carácter divulgativo de un clásico, o versiones estrictamente fieles a la edición original de referencia).

Este servicio de ediciones a la carta le permitirá, si usted se dedica a la enseñanza, tener una forma de hacer pública su interpretación de un texto y, sobre una versión digitalizada «base», usted podrá introducir interpretaciones del texto fuente. Es un tópico que los profesores denuncien en clase los desmanes de una edición, o vayan comentando errores de interpretación de un texto y esta es una solución útil a esa necesidad del mundo académico.

Asimismo publicamos de manera sistemática, en un mismo catálogo, tesis doctorales y actas de congresos académicos, que son distribuidas a través de nuestra Web.

El servicio de «libros a la carta» funciona de dos formas.

1. Tenemos un fondo de libros digitalizados que usted puede personalizar en tiradas de al menos cinco ejemplares. Estas personalizaciones pueden ser de todo tipo: añadir notas de clase para uso de un grupo de estudiantes,

introducir logos corporativos para uso con fines de marketing empresarial, etc. etc.

2. Buscamos libros descatalogados de otras editoriales y los reeditamos en tiradas cortas a petición de un cliente.